AF498388

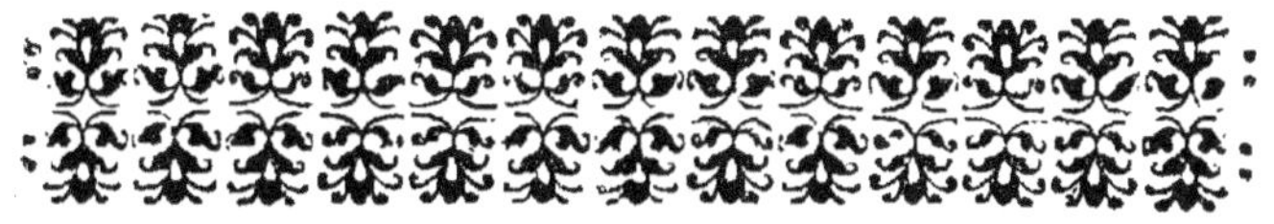

A. BOSSE

AV

LECTEUR,

*S V R les caufes qu'il croit avoir euës, de dif-
continuer le cours de fes Leçons* G E O M E-
T R A L E S E T P E R S P E C T I V E S, *dedans*
L'A C A D E M I E R O Y A L L E D E L A
P E I N T U R E E T D E L A S C U L P T U R E,
& mefme de s'en retirer.

E s grandes fatigues, la perte de temps & les
frais, qu'il faut faire pour tâcher d'obtenir ju-
ftice contre ceux qui nous oppriment ; & qui
eftant en faveur, previennent les puiffances par
des mauvaifes impreffions ; fait que plufieurs
fouffrent ces oppreffions avec moins de murmure.

C'eft pourquoy, lors qu'il ne s'agira point de la caufe de
D I E U, de celle de mon R O Y, & de celle du *Public*; je tâ-
cheray de fupporter patiemment le refte.

Il s'agit donc en cette occafion de deux caufes principales ;
La premiere regarde le Public ; La feconde mon honneur, ma
vie, & celle de ma famille ; Or comme je defire d'en déduire
icy des particularitez & que je fuis en quelque forte la partie
intereffée ; je remets neantmoins le tout au jugement de ceux
qui fans prevention prendront la peine de les lire: Et fi Monfieur le B. de concert avec un ou deux de l'Academie, n'avoit
fubreptiffement obtenu contre moy un *Arreft du Confeil des
Finances*, fans avoir ofé me le faire fignifier, je n'aurois pas
fait cét écrit; car pour ce qui regarde en quelque façon la

cauſe Publicque ; mes Traitez ſuffiront pour maintenir la verité contre l'ignorance.

Je ſçay bien qu'en matiere d'Ecrits , la delicateſſe de pluſieurs perſonnes va ſouvent à les condamner ſans examiner la verité & la fauſſeté des choſes , & ſur tout , lors qu'ils y voyent des termes un peu forts & preſſants , ſans penſer qu'y eſtans intereſſez , ils auroient peut eſtre d'autres ſentimens , & ne s'éloigneroient de la penſée de S A I N T A U G U S T I N ; *Que l'on a toûjours veu dans l'ordre du monde , que les méchans ont perſecuté les bons , & les bons les méchans : les méchans en nuiſant par injuſtice ; & les bons en profitant à ceux qu'ils puniſſent par de bonnes correćtions , les uns agiſſent par un mouvement de vengeance ; & les autres par la charité qui les anime ; car le meurtrier frape & perſe indiferemment , parce qu'il ne penſe qu'à bleſſer ou a tuër ; mais le Chirurgien conſidere bien l'inciſion qu'il veut faire , parce que ſon deſſein eſt de guerir.*

Mais pour en revenir au fait de noſdites cauſes.

PLUSIEURS perſonnes ſçavent que la pluſpart des Peintres , Sculpteurs , Graveurs , Deſſinateurs , & ſemblables Artiſtes , en ſe rendant viſite , ſe communiquent leurs plus beaux ouvrages ; pour ſe communiquer mutuellement ce qu'ils en penſent , qui à mon ſens eſt une maxime que je trouve fort raiſonnable , ſur tout , lors qu'on y agit avec franchiſe & de bonne foy , car d'en uſer comme ceux qui s'iritent quand le ſentiment qu'ils vous ont demandé ne les Couronne pas , & qui , bien loin de vous eſtre redevable de la genereuſe intention que vous avez euë de les tirer de l'erreur dans laquelle ils ſont tombez , conçoivent une effroyable averſion , qui leur fait rechercher tous les moyens de vous nuire , pour leur avoir refuſé des loüanges ; je tiens que c'eſt un mauvais procedé , auſſi bien que la conduitte de celuy qui fait ſes obſervations ſur voſtre ouvrage , & qui les publie.

Donc ſur ce ſujet , je reciteray ce qui m'arriva un jour chez Monſieur le B. qui peut eſtre l'origine de noſtre mesintelligence ; m'ayant pluſieurs fois prié , de luy dire mes ſentimens ſur un Crucifix qu'il avoit peint & repreſenté ſur le Calvaire , que l'ayant fait , ſans devoir ny pouvoir luy accorder que la lumiere d'une Lampe pour éclairer le modelle , dont il s'eſtoit ſervy , y deuſt faire le meſme effet que le jour

naturel ; il m'en a depuis non feulement témoigné de la froi-
deur , mais en plufieurs occafions , il a recherché les moyens
de me nuire ; car lors que j'enfeignois la Perfpective & fes
dépendances dans l'Academie , il prit fon temps de dire à
Monfieur Bourdon tres-Excellent Peintre , en prefence des
Eleves ou Eftudians de ladite Academie ; qu'il en fçavoit une
pratique bien plus facile que la mienne (quoy qu'en verité il
n'en euft qu'une tres-imparfaite connoiffance) fans penfer
que j'avois declaré à la Compagnie devant luy , qu'encore
qu'ils en cuffent fait élection fur toutes les autres , que s'il
s'en trouvoit une qui luy pût eftre preferable , j'offrois de l'a-
prendre & de l'enfeigner.

Ce raport m'ayant efté fait , je pris occafion un jour d'affemblée d'en parler à la Compagnie , toutefois fans rien
defigner , où châcun s'en deffendit , à la referve dudit Sieur
le B. lequel ayant dit , que l'on pourroit bien avoir avancé
cela pour apprendre , je ne luy fis d'autre repartie finon ,
qu'en s'adreffant aux Difciples , ce n'eftoit pas le plus fur
moyen ; où il eft à remarquer , que je ne le voulus pas mettre
en jeu ny Monfieur Bourdon ; mais un moment aprés , les
ayans veus parler enfemble & tracer quelques traits ; je pris le
temps de me mettre entre-eux d'eux , & de leur demander de-
quoy ils traitoient , & m'ayant dit que c'eftoit fur quelque
chofe d'aprochant de ce que j'avois entretenu la Compagnie,
je tâchay de luy faire connoiftre doucement , qu'il fçavoit
tres-peu la matiere dont il s'agiffoit , ce que mefme il avoüa
en quelque forte ; car voulant donner à entendre qu'il avoit
trouvé beau & bon ce que je luy avois expliqué , il me dit ,
hé bien Monfieur , fi je n'avois agitté cette queftion , je n'aurois pas apris cela ; ce qui m'obligea encore de luy repartir ,
auffi , Monfieur , vous eftes vous adreffé à moy & non aux
Difciples.

Et comme j'avois creu que cét entretien pourroit contribuer
à fa converfion , j'apris quelque temps aprés , qu'il avoit témoigné à un de fes amis & des miens tout le contraire , &
qu'il n'entendoit pas mefme les premiers principes de la Perfpective , qui eft ce qui luy fit encore avancer dans une autre
affemblée , pour éluder s'il euft pû les veritez que j'y expli-
quois, *que tout le fin & le vray de l'Art fans tous ces raifonne-*
mens , dépendoit de deffiner & peindre d'aprés le Relief ou Na-

turel, comme l'œil le voyoit; ce qui m'obligea derechef veu mesme la fonction que je faisois dans l'Academie ; de luy faire remarquer & à la Compagnie , le deffaut de cette proposition , que j'ay amplement expliquée en mes Traitez de Perspective , & en celuy de mes Leçons.

Or il faut sçavoir qu'avant ce temps, l'Academie desirant que je fusse de son corps, m'avoit baillé mes Lettres d'Academiste, dont Coppie est à la fin des dernieres Leçons que j'ay données dans ladite Academie , pour leur en témoigner derechef ma reconnoissance.

Mais quelque temps aprés , il fut fait une autre tentative, où ledit Sieur le B. ne reüssit pas mieux , sur ce que la Compagnie estant demeurée d'accord , que je travaillerois seul à ce Traité des secondes Leçons , (qui est ce qui devoit preceder la pratique de la Perspective ,) car ayant fait apporter en l'Academie un Livre de la Peinture , dit de *L. de Vincj* , pour selon toute l'apparence l'y introduire au lieu des miens qui y estoient , y estant arrivé , & faignant qu'il ne le connoissoit pas, il demanda en le prenant quel il estoit,& le Secretaire de l'Academie qui l'y avoit apporté par son Ordre, le luy ayant dit , il profera d'un ton fort élevé ; *Voilà le Livre dont il se faut servir pour ce qui concerne les choses dont nous devons Traiter*; mais luy ayant reparty , je croy, Monsieur, que vous entendez seulement de ce qu'il y aura de bon , cela luy fit dire , *quoy de bon , croyez-vous qu'il y ait du mauvais ?* & sur le champ luy en ayant fait voir des preuves , il fut fort surpris ; ce qui me fit croire , qu'il n'avoit estimé ce Traité , que sur un oüy dire , ou jugé comme on dit , du procez sur l'Etiquette du Sac, qui est le Titre & l'Epistre Liminaire , laquelle s'adresse à l'Illustre & tres-sçavant premier Peintre du Roy feu Monsieur le Poussin ; & comme selon toute l'apparence un autre Peintre de l'Academie interessé en l'Impression de ce Livre , devoit estre de la partie , ledit Sieur en sortit avec promesse d'y revenir avant que l'Assemblée fust finie , ce que toutefois il ne fit pas, qui fut un trait de sa prudence pour ne pas tomber en confusion devant elle.

N'ayant donc pas fort bien reüssi en cette rencontre , on fit courre un bruit que j'avois mal parlé dudit Traité de Vincy ; quoy que Monsieur le Poussin eust , à ce qu'ils disoient à tort , éclaircy tous les Chapitres qui en avoient besoin , &

que l'on aſſuroit auſſi en eſtre plûtoſt le Pere que ledit de Vincj , qui eſt ce qui m'obligea d'en écrire audit Sieur Pouſſin à
Rome , dont pluſieurs de ſes ouvrages m'empeſchoient de
croire ces diſcours , bien qu'ils fuſſent tirez de ſon Epiſtre Liminaire.

Mais l'ordinaire ſuivant, Monſieur le Pouſſin m'ayant fait
l'honneur d'une réponſe , où il me remercie du jugement que
j'en avois fait en ſa faveur & où en ſuitte il me declare ſes
ſentimens ſur le tout , en diſant comme je l'ay dit ailleurs
amplement ; que tout le bon dudit Traité ſe peut écrire ſur
une feüille de Papier en groſſe Lettre, & que ceux qui croyent
qu'il approuve tout ce qui y eſt ne le connoiſſent pas ; j'envoyay auſſi une Coppie de cette Lettre à Monſieur le B. pour
d'autant plus l'aſſurer de ce que je luy en avois dit , de laquelle pour remerciement je n'en reſſus qu'une réponſe offenſive.

Mon travail manuſcrit deſdites Leçons eſtant finy , l'ayant
apporté en l'Academie , & en ſuitte leu à la Compagnie , &
fait entendre en gros les principales figures , elle m'en remer-
cia , & me pria d'avoir la bonté de l'aller expliquer en dé-
tail à nos éleves , & trouva meſme à propos que châque Leçon fuſt ſignée du Profeſſeur ou Ancien qui ſeroit en mois à
meſure que je les donnerois , afin que (comme je leur avois
dit) ſi quelqu'un s'ingeroit de les rendre publiques & ſe les at-
tribuer avant mon Impreſſion , on peuſt faire voir le contraire , ce qu'ayant fait en preſence de pluſieurs de la Compagnie
qui voulurent encore y aſſiſter , Monſieur Bourdon eſtant de
mois ſigna la premiere Leçon , laquelle eſtoit un diſcours de
preparation aux éleves·, pour celles où il s'agiſſoit d'opperer
de la main , qui eſt incerée audit Traité des Leçons à pre-
ſent imprimé.

Ayant commancé dans le mois de Monſieur Bourdon le
Cours de ces Leçons , ainſi que je l'avois promis à la Compagnie ; je creus eſtre obligé par reference ou civilité de luy demander ſi elle deſiroit que les mettant au jour , ce fuſt comme
un Reſultat de ſes ſoins ainſi qu'elles avoient eſté expliquées
& ſignées , ou bien comme un des miens , lors que je n'eſtois
point de leur corps ; de m'en donner un Acte en forme ; &
comme Monſieur de R. le ſecond Directeur me dit au nom
de la Compagnie preſente , qu'elle n'y ayant rien contribué ,
je les pouvois faire imprimer en mon nom ſeul ; cela me fit

ã iij

repartir, que d'autant plus m'en devoient ils donner un ; puis qu'eſtant de leur corps j'avois eſté obligé d'écrire & parler en plurier, par nous, & non en ſingulier par moy, ainſi que mes Leçons & leurs ſignatures en faiſoient foy ; & ſur ce il ne fut rien reſolu.

Dans une autre aſſemblée, cette queſtion ayant derechef eſté agitée, on me dit de les mettre ainſi qu'elles eſtoient écrittes & ſignées, mais à condition d'en oſter le nom de Monſieur Deſargues ; propoſition que je laiſſe à juger à qui le deſirera, & laquelle Monſieur le B. prit la peine trois heures devant celle de l'aſſemblée, de me venir dire chez moy, que l'on me la pourroit bien faire ; & en cela il faut que j'avouë qu'il me dit la verité, car elle m'y fut faite, mais il ne s'y trouva pas.

Donc ſur cette propoſition aſſez mal digerée, ils n'eurent de moy qu'un refus, & meſme un peu de blâme, puis qu'ils avoient choiſi mon Traité de Perſpective où le nom de Monſieur Deſargues eſt au Titre ; & comme il ſe trouva que pluſieurs de la Compagnie traiterent de ridicule cette propoſition, ſept d'entre eux me ſignerent un Acte, dont la Coppie eſt auſſi à la fin de ces Leçons, pour qu'elle ne leur puſt eſtre imputée avec juſtice ; lequel Acte, la Cabale eſſaya de ravoir dans une autre Aſſemblée, ſous pretexte de me donner une Charge de Conſeiller en l'Academie ; mais ayant remarqué, qu'elle n'avoit point les graces & les privileges de celle des Profeſſeurs, je les en remerciay & me retiray en attendant leurs Ordres, quand ils ſeroient plus unis entre eux ; puiſque par mes Lettres, par l'Acte de ces ſept Meſſieurs, & par mes Leçons ſignées ; je pouvois les mettre au jour comme je voudrois, ſans qu'aucun de la Compagnie y puſt trouver à redire avec juſtice.

Ce fut donc en ſuitte, que Monſieur le B. crut avoir trouvé le moyen de faire valoir aux éleves de l'Academie, la Perſpective coppie qui ſe déguiſoit tres-mal en ſa maiſon, pour luy eſtre dediée, & de laquelle il leur en montra le Privilege qu'il diſoit venir d'obtenir ; qui eſt ce qui obligea Monſieur Deſargues, d'offrir liberalement *cent piſtolles* à celuy de nos François, qui feroit plus que luy en cela.

Mais ce mauvais ouvrage n'ayant paru que trois ans aprés cette obtention de Privilege, on le trouva ſi foible & meſme

si ridicule, qu'il fut méprisé au dernier point ; Ayant fait des
remarques particulierement sur son miserable déguisement de
la nostre, je les presentay imprimées à Messieurs de l'Academie, pour qu'il leur plût en dire leurs sentimens, consentant
mesme s'ils le desiroient, que Monsieur le B. present, en fist
le mesme, à condition de donner le sien par écrit signé de
luy, quoy qu'il témoignast en quelque sorte, estre l'Avocat
de ce Coppiste plagiaire, non à la verité pour vouloir plaider
sa Cause, mais bien pour empescher en fuyant que l'Academie ne jugeast ce different ; neantmoins tout ne reüssit qu'à
faire connoistre de plus en plus à la Compagnie, qu'il entendoit tres-mal à faire élection des veritables, universelles, &
faciles regles de son Art ; mais bien d'estre tenu par le foible
narré de son Epistre Liminaire, comme Auteur, Protecteur,
Approbateur, & Guarend de la Coppie ridicule, ou plûtost
de son larcin mal déguisé ; & pour preuve de mon dire ; il
n'y a qu'à lire ladite Epistre, dans laquelle sont d'autres dis-
cours autant ridicules & foibles qu'il se puisse écrire.

Voicy encore à mon sens quelque chose de plus éloigné du
bien, qui fait souvent voir, qu'un abisme en produit d'autres ;
car la brigue ayant sçeu que la Compagnie desiroit recon-
noistre mes soins & mes peines, en me baillant cette Lettre
de Conseiller, accompagnée des choses que je croyois estre
raisonnables, & mesme que Monsieur Bourdon & plusieurs
autres m'avoient pressé de signer un Acte sur leur promesse,
(qui estoit) que cette Charge auroit en elle ce que je desirois,
en m'assurant que la Compagnie ne l'avoit jamais entendu
autrement : mais en l'assemblée suivante la brigue estant de
concert, pour pretendre avoir mes Lettres & ce qui en dépendoit ; Monsieur le Directeur ayant demandé si j'estois de
l'Academie, cela me surprit, puisque quelque temps devant,
il m'avoit remercié au nom d'icelle, & mesme presenté cette
Charge de Conseiller en attendant mieux, qui estoit des
gages, quand il plaisoit à sa Majesté de leur faire toucher les
apointement destinez pour sa subsistance.

Lors à cette demande si j'estois de l'Academie, Monsieur le
B. prit la peine de dire que non ; & mesme que j'y estois entré
sans adveü ; mais sur l'heure le contraire ayant paru par la
Lecture de mes Lettres, Monsieur le B. repartit que c'estoit
Monsieur de Charmois nostre premier Chef ou Directeur

qui comme mon amy me les avoit données, & quoy que cette objection fust en quelque sorte appuyée par Monsieur Errard, on ne laissa pas encore sur l'heure, de trouver dans le Livre des Déliberations de l'Academie que ces Lettres m'avoient esté données du consentement de tout le corps, & mesme de celuy des Maistres Peintres & Sculpteurs, qui dans ce temps-là avoient esté reünis à l'Academie ; Or sur cette Excellente objection de ces deux Messieurs, je leur fis la reverence & les remerciay des peines qu'ils prenoient, pour pretendre me desobliger en se desobligeant.

Mais afin qu'ils ne perdissent pas en cette rencontre aprés l'honneur tous leurs soins ; Monsieur le Directeur me demanda si j'avois mes premieres Lettres, desquelles luy en ayant presenté Coppie, (quoy que j'eusse l'Original,) il me la rejetta de colere, m'enjoignant d'apporter cét Original au premier jour d'assemblée ; mais l'ayant prié que l'on me traitast ainsi que mes Confreres, qui avoient eu leurs secondes avant que d'avoir rendu leurs premieres, & mesme je luy en cittay cinq ou six qui estoient presens, lesquels avoient encore les unes & les autres ; cette réponse fit tellement prendre feu à l'esprit de Monsieur le Directeur qu'apres un Serment *du plus haut stile*, il dit, *que si la Compagnie consentoit à me donner mes secondes Lettres, avant que d'avoir rendu mes premieres, qu'il abismeroit l'Academie & reprendroit ses deux Poutres* ; Or ayant remarqué que nul de la Compagnie ne repartit à cette rodomontade, je me retiré, témoignant que je ne voulois pas estre la cause de ce renversement, & sur tout de sa plus saine partie, les assurant que j'avois assez de mes Lettres, d'Actes, de signatures, & de la production en public de mes Leçons ; pour faire connoistre la justice de ma cause.

Quelques jours aprés, je leur envoyay mon A D I E U signé ; & le suivant de cette rupture, *Monsieur Corneille Professeur*, m'estant venu voir, & m'ayant raporté qu'il y avoit eu grand bruit quand je me retiray, particulierement entre *Messieurs Bourdon & le Brun*, je luy témoignay que si la plus saine partie de la Compagnie, continuoit d'estre sans repartie, quand deux ou trois d'entre eux, contreviendroient aux Status & Ordonnances de l'Academie ; qu'ils meritoient bien d'estre traitez de la sorte, qu'avoit fait la brigue & ce Directeur.

Mais

Mais le sujet de la visite dudit Corneille fut, de me faire
la proposition de la part dudit Directeur, de luy vouloir confier mes Lettres, comme sçachant bien que nous estions amis,
& qu'il m'aporteroit en suitte le projet des secondes, pour
voir si il seroit comme je le desirois ; & sur ce je luy reparty,
qu'il n'y avoit rien en ma puissance que je ne luy confiast à la
reserve de ces Lettres, crainte que luy mesme n'y fust trompé,
puisque sans Espion je sçavois un secret, que sans doute il
ignoroit ; & de plus, que Monsieur le Directeur ayant dit
hautement que mon pretendu crime estoit de les avoir refu-
sées à tout le Corps ; qu'il n'eust pas esté raisonnable de les
confier à un seul de ses membres ; & aussi que je ne pouvois
ny ne devois entendre aux propositions d'un particulier, quoy
que Directeur, sans l'aveu de la Compagnie.

Et comme jusques-là, cette menace de reprendre deux
Poutres m'estoit une Enigme, Monsieur Corneille me dit que
ce Directeur en avoit fourny deux pour faire un Entresolle en
l'Academie, & que sans doute c'estoit celles-là qu'il auroit
voulu reprendre.

Depuis avoir écrit ce qui precede & ce qui suit ; ayant for-
tuitement trouvé dans mes Papiers un Billet de Monsieur le
Brun, j'ay creu le devoir inserer icy, pour d'autant plus faire voir s'il a esté bien fondé d'avancer que je n'estois pas de
l'Academie.

A Monsieur, Monsieur Bosse.

*Monsieur, je vous prie, instamment de vous trouver demain
premier Samedy de ce mois à l'Academie, pour estre present à la
Lecture des nouvelles graces que le Roy luy a accordée, & donner
vostre voix aux nouveaux Officiers qui doivent estre élüs : vous
obligerez toute la Compagnie, & en particulier,*
Monsieur,

Vostre tres-humble serviteur,
Le Brun.

Mais que peut on dire encore de ces deux ou trois Messieurs
d'avoir apres ma sortie sous une fausse exposition dans une
Requeste presentée au Conseil des Finances, & sans m'y
avoir fait appeller, obtenu le 24. Novembre 1662. un Ar-
rest, qui me deffend de prendre la qualité d'Academiste en
fait de Peinture & de Sculpture, ny de faire aucune assemblée
pour raison de ce, & lequel ainsi que j'ay dit, ils n'ont esté

jufques à prefent me faire fignifier.

Quelques amis m'ont affuré que cette brigue a efté jufques au point (jugeant encore d'autruy par elle mefme) de vouloir par force & contre tout droit, obliger de leurs Difciples ou éleves, (qui avoient fait une Academie entre-eux fans leur permiffion) d'avoüer que c'eftoit moy qui m'en eftois fait le Chef, & bien qu'ils proteftaffent au contraire, & mefme avec Serment, ils leur foûtinrent que cela eftoit, & qu'ils ne feroient point receus à deffiner en l'Academie s'ils ne l'avoüoient ; ce qui m'a donné lieu de croire, que c'eft fans doute fur cette chimerique penfée qu'ils ont obtenu cét Arreft par furprife.

Or ayant efté prié par de mes amis de rendre témoignage à la verité, pour le bien de ces Eftudians ; j'écrivis une Lettre à Meffieurs de l'Academie, afin de defabufer ceux qui pouvoient en eftre innocemment prevenus, laquelle avant que d'eftre ouverte fut jettée au feu par un de ces temeraires entreprenans, qui prevoyoit bien que fon contenu ne pouvoit luy apporter & à fa Cabale que de la honte & de la confufion, de forte que fur ce procédé & cét Arreft, je n'ay pû découvrir d'autre fujet qui peut avoir porté Monfieur le B. de dire imprudemment à de ces amis & des miens, que s'il m'en euft voulu comme je croyois, qu'il avoit eu occafion & pouvoir de me faire incaftrer.

Je laiffe donc à juger quelle fatisfaction, peuvent avoir des perfonnes d'honneur, d'eftre d'une Compagnie ou Communauté ou une feule & deux ou trois de brigue, difent & entreprenent de faire de telles chofes, & d'autres fi oppofées à fes Status & à fes Ordonnances, fans aucun fondement.

Mais maintenant, ce qui doit fatisfaire en quelque forte ceux qui aiment la *verité*, le *ffavoir* & le *bon ordre*, eft l'efperance que par celuy qu'à prefent *Monfeigneur Colbert* y fait établir de jour en jour, ces Cabaliftes n'en uferont plus de la forte, quoy que l'on ne doive pas douter, qu'il n'y faille employer du temps, & fur tout à y bien fonder les veritables & univerfels principes, regles & pratiques de ces deux beaux Arts, fans lefquelles on ne peut faire d'Excellens Difciples & Academiftes ; au lieu que fur les ouvrages & fur les raifonnemens de quelques-uns, bien qu'en quelque eftime à prefent ; on y remarque des erreurs tres-groffieres contre les regles

de l'Art ; & ce qui m'a fort furpris eft, que Monfieur le B.,
ayant fouvent dit que les Regles de Perfpective eftoient la
moindre partie de fon Art, que par ces Oeuvres on remarque
qu'il en aye fi peu de connoiffance.

Mais pour faire, s'il fe peut, que ledit Sieur & ceux de fon
party ne me croyent point d'humeur à leur en vouloir pour
tout leur procedé contre moy ; je les affure D i e u aydant
qu'alors qu'ils voudront, foit en particulier ou en telle & fi
bonne Compagnie qu'il leur plaira, s'éclaircir des chofes
qui font dans mes Traitez, & auffi des erreurs qu'ils ont
commifes en plufieurs de leurs Ouvrages contre les Regles de
leur Art, non feulement en leurs premiers, mais aux derniers
qui me font connus, tant de Peinture que d'Eftampes, executées fur leurs deffeins ; je promets de les leur refoudre &
monftrer cordialement & fans emportement, quand ils le
defireront faire dans cét efprit.

Car je leur fouhaite de cœur & d'affection, & principale-
ment à Monfieur le B. (puifque la haute eftime qu'il s'eft
acquife fur tout entre un grand nombre d'Eftudians, pourroit
en quelque partie luy eftre nuifible & à eux ;) Qu'ils ayent du
moins une connoiffance en gros nette & diftincte, à quoy
doit fervir pour les objets qu'ils veulent reprefenter en leurs
Tableaux & Deffeins ; *l'élevation de l'œil, la diftance*, &
enfin leur *dégradation Perfpective* fur le *Plan d'affiette* ; puifque
fçachant ces chofes & les pratiquant ; ils les y pourront placer convenablement ; & mefme s'il leur faut reprefenter des
Elefans, des Chevaux, où tels autres Animaux qui paroiffent
tirer un Char, ils n'y en mettront pas un fi grand nombre de
frond, qu'ils foient obligez à caufe de leur mauvaife pofition
d'en ofter la moitié ; & que mettant auffi l'horizon ou point
de l'œil bien bas dans un Tableau, compofé de plufieurs Figures humaines & autres ; comme par exemple, une Bataille
approchant de celle de l'Empereur Conftantin, faite par
R. d'Vrbin, fi ils n'ont égard à cette élevation d'œil & de
dégradation Perfpective, ils tomberont dans l'erreur de reprefenter des Figures humaines, des Chevaux, &c. qui au-
ront trois ou quatre fois plus de longueur & de largeur qu'ils
ne devroient ; & mefme qui montreront leur deffous au lieu
du deffus, puis le cofté en place d'une partie du devant & du
derriere ; & nombre d'autres fautes tres-confiderables, dont

é ij

la plufpart font cottées en mon Livre des Leçons, & auquel j'explique ce qui les a fait commettre, puis le moyen de s'en corriger.

Et arrivant encore qu'ils compofent de ces Tableaux ou Defleins remplis d'objets pris des Ouvrages d'Excellens Pein-tres, ils feront aufli affurez qu'il eft dangereux d'en ufer ainfi, fi l'on n'eft entendu à les placer fuivant lefdites fujet-tions ; car bien que ce coppiement puiffe eftre pris fur de bons ouvrages, cela n'empefchera pas qu'eftans placez inconfi-derement en divers endroits de ces Tableaux, qu'ils n'y faf-fent, (à moins d'un extréme hazard) un tres-mauvais ef-fet.

Or toutes ces erreurs & méprifes, ne font pas dés je ne fçay quoy d'Optique, ou de petites obmiffions de chofes qui ne vont pas chercher le point de veuë, comme a dit & écrit Monfieur Felibien, mais de tres-groffieres, quoy qu'elles ne foient pas re-connuës d'abord de tout le monde.

Mais fçachant bien & univerfellement les pratiques Geo-metrales & Perfpectives, l'on évitera tous ces deffauts, & plufieurs autres amplement deduits en mes Traitez, comme aufli ceux que j'ay remarquez en des Thefes executées par d'Excellens Graveurs, fur les Deffeins de Monfieur le B. qui eft d'y mettre nombre de points de veuës en lieu d'un feul, puis des corps Geometraux pour des Perfpectifs, & en fuitte des Figures tant debout que couchées, ou de neceffité, il faut fuppofer qu'il y euft des trous ou foffes faites exprés fur le Plan d'affiette, & autres folides, pour y faire entrer ou loger une partie de leurs corps, jambes & pieds.

Et par ce que des perfonnes mal informées, ont pû croire fur le rapport d'autruy, que feu Monfieur Defargues & moy, eftions d'humeur à attaquer par écrit imprimé ceux qui n'a-quieffoient pas à nos fentimens ; je les prie de fe fouvenir qu'il n'y a rien de plus oppofé à la verité ; car les Affiches & utiles Ecrits de noftre part, n'ont paru en public, qu'en fuitte des Affiches & Libelles diffamatoires de nos envieux cachez, puis qu'ils n'y ont ofé mettre leurs noms ; à la referve d'un des Difciples de celuy qui ayant de propos déliberé maliciéule-ment & à faux citté il y a du temps, des erreurs dans les Oeu-vres de feu Monfieur Defargues, & fouvent dit, que quand mefme il n'y en auroit point, qu'il ne laifferoit pas d'écrire

y en avoir trouvé , lequel Difciple a auffi témoigné avoir fi
bonne opinion de luy à l'exclufion des autres, qu'il a creu
avoir du fens au delà des plus Excellens Geometres, Archi-
tectes , & Peintres , tant Anciens que Modernes ; ce qui luy a
fait comme à fondit Maiftre innover des chofes, non feulement tres-foibles , mais auffi tres-fauffes ; & où à bien paru
en cét Art de Pourtraiture & Peinture fa foibleffe ; c'eft d'a-
voir averty ceux qui s'y veulent rendre Sçavans, de fuïr les
Regles Geometrales & Perfpective , & d'avoir mefme in-
confiderement avancé, qu'il n'y a que l'inftinc feul du Deffi-
nateur & du Peintre , qui doit agir dans ces ouvrages , &
plufieurs autres chofes auffi peu vrayes & raifonnables.

Et fur ce qu'il a impofé volontairement fans aucun fujet ,
en croyant fans doute fort obliger quelques efprits femblables
au fien , il pourra voir par cét écrit, (s'il le defire ,) & par
mon Traité des Leçons que j'ay données dans l'Academie,
fon impofition ; quand il a defiré donner à entendre que ce
qui m'y avoit fait mal traiter , eftoit d'y avoir voulu enfeigner de folles, fauffes & erronnées doctrines ; qui eft fans
contredit juger de moy par luy mefme , puifqu'à prefent,
cela luy arriveroit, s'il ofoit fe trouver en cette Academie
pour y enfeigner celles qu'il a publiées, & de plus faire en forte d'en tirer de pareils Actes que les miens ; outre le contenu
en mes Lettres d'Academifte , pouvant avancer avec certitu-
de que fon Maiftre ny luy ne furprendront jamais que les
ignorans , par faire à l'occafion dix fois plus de propofitions
& de folutions Geometriques qu'il n'en faut , pour en fuitte
conclure par des fauffetez.

Mais pour conclufion , je puis dire & prouver que feu
Monfieur Defargues & moy , avons efté les premiers qui ont
donné au Public les vrayes, faciles, promptes & univerfelles
pratiques de Perfpective , conformes à celles du Geometral ;
tant pour tracer les contours des objets vifibles de la nature,
que ceux que l'on peut avoir dans l'imagination, avec les
places de leurs jours, ombres & ombrages, & auffi la force
& foibleffe de leurs touches , teintes, ou couleurs, pour
qu'elles expriment bien leur relief ; & moy, d'avoir efté le
premier qui les ay expliquées dans ladite Academie quatre
années de fuitte gratuitement, à l'inftante priere de ceux qui
le l'ont compofée les premiers, dont l'Illuftre , Sçavant &

Curieux feu Monsieur de Charmois, en estoit le tres-digne &
Premier Chef ou Directeur ; & que les Deputez pour cet ef-
fet, furent Messieurs de la Hyre & Bourdon, accompagnez
de Messieurs Testelin & du Grenier les aisnez ; ce que j'ay
donc fait pendant ledit temps deux fois châque semaine, avec
l'applaudissement de la Compagnie, sans considerer quelques
interessez envieux qui profererent à tort plusieurs fois, que
ces regles broüilloit l'esprit des éleves ; & d'autres que c'estoit
leur bailler des Verges pour foüetter leurs Maistres, & pour
leur marcher sur les Tallons, puis qu'il y en avoit ; disoient-
ils, qui entreprenoient deslors de gloser sur leurs ouvrages.

Mais pour rendre sur cela le droit à qui il appartient, j'ex-
cepte de se nombre audit temps Monsieur Errard, puis qu'un
jour ayant assisté à quelques-unes de mes Leçons, il dit devant moy aux Eleves ces mots : *Messieurs, Messieurs, vous
estes bien plus heureux que nous n'avons esté dans nostre temps
d'Estude ; d'avoir de telles regles & preceptes ; aussi en devez
vous profiter, & croire estre bien obligez à ceux qui vous les
donnent, & qui vous les ont procurées.*

Je finiray donc ce Recit par celuy qui selon toute l'apparence en est la cause, en disant, que je n'ay jamais connu
d'homme qui selon le monde ; meritast moins que l'on prist
peine de l'éclaircir sur les choses qu'il ignore, puisqu'à mon
sens, il n'en recherche pas les moyens par les droites & legi-
times voyes ; ainsi que l'on peut avoir remarqué dans son
procedé ; & en verité s'il y avoit lieu de se consoler, sur ce
que je ne suis pas le seul qu'il a desobligé, j'en aurois de reste,
car le nombre en est tres-grand ; mais comme chrestienne-
ment le mal d'autruy nous doit toucher, je concluray en luy
souhaittant une entiere prosperité de tous ses bons desseins,
puisqu'à quelque degré de perfection qu'il puisse arriver,
j'en seray ravy.

Bref, la Lettre imprimée sans autre nom d'Auteur que ce-
luy d'Ecollier de l'Academie, distribuée chez Monsieur le B.
L'extravagante Coppie de Perspective du Sieur I. le B. de-
diée à Monsieur le Brun. Celle du R. P. B. A. mal nommée la
Perspective affranchie. Le foible Libelle du Sieur C. dit de
F. & sa fausse & particuliere pratique des jours & des om-
bres. Puis les ridicules énoncez dans les boufis écrits du Sieur
G. H. G. dit le P. G. ont esté autant de darts enflammez du

malin contre moy & mes Ecrits, que Dieu mercy j'ay re-
poufez & étains avec la feule verité, ce qui comme je croy
arrivera Dieu aydant à tous ceux qui en uferont ainfi, & qui
enflez de la bonne opinion d'eux-mefmes, aprés qu'on les a
inftruits gratuitement , payent d'ingratitude & de mécon-
noiffance ceux qui leur ont fait ce bien.

Par Boffe en Mars 1666.

L. S. D.

www.ingramcontent.com/pod-product-compliance
Lightning Source LLC
LaVergne TN
LVHW051348200726
843510LV00002B/901